LB 41/110A

RÉPUBLIQUE FRANÇAISE.

PLAN
DE LA FÊTE
A L'ÊTRE SUPRÊME,

QUI sera célébrée A TOURS, le 20 Prairial, en exécution du Décret du 18 Floréal, l'an second de la République, une et indivisible.

LE retour de la lumière est annoncé par les sons guerriers des trompettes et des tambours. Tous les Français émus se réveillent : ils sentent leur ame s'élancer vers la Divinité. Il n'est plus de distinction de maître et de domestique : c'est le jour de la fraternité, c'est la fête de la Nature. Les enfans se pressent autour de leurs parens chéris : tous les individus de la grande famille s'unissent, et, dans leurs embrassemens mutuels, ils honorent l'ÊTRE SUPRÊME qui les fit tous égaux. Ils lui rapportent en pensée leur bonheur, leurs desirs et leurs espérances. Le célibataire isolé, sent le besoin de dire à quelqu'un : c'est aujourdhui la fête de l'Être Suprême et de la Nature.

A

A sept heures précises, les canons et les tambours annoncent l'instant du rassemblement du Peuple. Chacun s'empresse, accourt. Les mauvais Citoyens sont les seuls qui, se défiant de la probité du Peuple, font garder leurs maisons, mises sous la sauve-garde des vertus publiques, des banderoles tricolores ou des festons de verdure dont elles sont ornées, dès l'aurore de ce beau jour.

Le lieu du rassemblement est au ci-devant mail Preuilly.

Le Peuple s'y réunit en masse. Le Peuple est grand, majestueux. Il est tout sur la terre, tout est créé pour lui. Il va promettre à l'Être Suprême, dont il adore les lois immuables, d'être juste, d'aimer ses semblables, et de se dévouer pour le maintien de ses droits et de sa liberté.

Mais le Peuple aime l'ordre et la décence. Il distingue en ce jour, les objets de son respect et de son affection, qu'il veut présenter en hommage à l'Être Suprême et à la Nature. Des banderoles tricolores indiquent la place que chacun de ces groupes doit occuper au lieu du rassemblement.

Les femmes enceintes et les meres nourrices, objets de la vénération et de l'amour de tous les Peuples, y trouvent des siéges. Les adolescens les entourent : par leurs soins et leurs empressemens, ils expriment la reconnoissance qu'ils doivent à celles qui les ont formés de leur sang, et nourris de leur propre substance.

Les meres, tenant par la main leurs jeunes filles, couronnées de roses et qui portent des corbeilles de fleurs, sont auprès. Les femmes enceintes et les nourrices semblent dire à ces vierges tendres : la Nature vous destine à devenir meres, comme nous ; mais sachez qu'on ne mérite les hommages durables de l'homme libre, qu'avec des vertus, de la décence, le goût des choses modestes, et le respect de la Divinité.

Les jeunes-Gens, depuis l'âge de 15 ans jusqu'à 18, ne sont pas éloignés. Leurs yeux et leur cœur sont déja enflammés du desir de plaire ; mais la sagesse leur dit, que ce n'est qu'en servant la Patrie, en se dévouant pour le maintien de la liberté et de l'égalité ; en remplissant tous les devoirs de l'honnête homme, à quelque poste que le ciel nous ait placés, qu'on peut espérer de plaire à la beauté sage, ingénue et modeste.

Les peres, accompagnés de leurs jeunes fils, qu'ils ont armés du baudrier et du glaive dont ils frapperont bientôt les ennemis de la République et de la Nature, s'avancent à leur poste. A l'aspect de tout ce qu'ils ont de cher au monde, de leurs femmes, de leurs enfans et de leurs amis, leur cœur se remplit de sentimens délicieux : ils élevent leur pensée vers la Nature : ils sentent le besoin de lui présenter en offrande les jeunes soutiens de la liberté, en reconnoissance des bienfaits que l'Être Suprême verse sur la Patrie.

Les vieillards sont les premiers à leur poste : les vieillards, dont l'aspect commande l'amour et la vénération. Tant d'objets, chers à leur souvenir, font tressaillir de joie leur cœur encore tout de feu pour la

Patrie, L'expérience leur a appris que tout ce qui est bien sur la terre, gloire, santé, talent, bonheur, tout nous vient du ciel. Ils sentent leur sang, refroidi par l'âge, se ranimer pour célébrer, en ce sublime jour, la fête de la République et de la Providence. Ils sortiront de la vie, comme on sort d'un festin délicieux, avec la consolation de laisser leur postérité heureuse et libre.

Un char agreste, chargé des honorables instrumens de l'agriculture et des arts mécaniques, ainsi que de fruits et de fleurs, est au centre, attelé de trois taureaux vigoureux, ornés de festons et de rubans tricolors, et entourés de laboureurs modestes et industrieux. L'agriculture fait la richesse et le salut des Peuples. Les laboureurs, si long-tems dédaignés par les rois, sont aimés et protégés du ciel. La République les honore : elle les présente aujourd'hui à la reconnoissance du Peuple français. Désormais ce sera, parmi eux, qu'elle choisira ses grands hommes et ses législateurs. Le parfum des fruits et des fleurs dont est couvert ce char respectable, monte vers l'Être Suprême qui sourit à cette offrande, gage assuré de l'abondance qu'il va répandre sur la terre de la liberté.

Les autorités constituées ont aussi leur place. Magistrats du Peuple, ils composent son avant-garde au jour de ses périls. Sentinelles vigilantes, ils l'avertissent des dangers qu'il court et des piéges qu'on lui tend ; ils lui désignent ses ennemis couverts qui le trompent ou l'égarent, sous prétexte de le servir. Leurs mains sont pures, ainsi que leurs cœurs. Toujours prêts à se dévouer pour le maintien de la liberté et des lois, ils ne voient, en toutes choses, que leur devoir et la justice. Ce sont eux qui adressent à l'Être Suprême les prieres et les vœux du Peuple.

Le Représentant du Peuple est à leur tête. Le Peuple l'observe, le chérit comme on chérit un ami fidele qui se dévoue pour nos intérêts et pour notre bonheur. Le ciel sourit au panache tricolor qui ombrage sa tête Il est le guide des autorités constituées et l'organe des volontés du Peuple.

Les enfans naturels de la Patrie ne seront pas oubliés: l'Eternel seroit offensé de les voir dédaignés à la fête de la Nature et de la suprême justice. La République a protégé leur innocence. Ils retrouveront en ce jour des meres et des sœurs. Ils prendront place au sein du groupe des meres et des jeunes filles, image de l'adoption qu'a fait le Peuple de ces êtres infortunés qui n'ont pas encore senti les douces étreintes d'une mere. Ils porteront des corbeilles de fleurs, et seront couronnés de roses.

Le Peuple n'a pas besoin qu'on le garde, ni qu'on le protége. Cependant les défenseurs de la Patrie seront désignés pour entourer la vaste enceinte qu'occupera le Peuple, afin de maintenir l'ordre et le respect qu'on lui doit: ils ouvriront et fermeront la marche. Les défenseurs de la Patrie apprendront en ce jour que, chez un Peuple libre, tout citoyen est soldat ; choisis aujourd'hui par le Peuple, dont ils font partie, pour veiller à sa défense, demain ils choisiront, à leur tour, leurs freres qui iront prendre leur place au poste du péril et de l'honneur. Le ciel bénira leur courage et leurs armes, s'ils ne les emploient jamais qu'à combatre le vice, l'esclavage et les tyrans ; qu'à protéger l'innocence, l'égalité et la vertu ; mais le Peuple, symbole de la toute-Puissance, se courrouce et confond les hommes armés, alors qu'ils ne sont que cruels, vindicatifs, intéressés ou ambitieux.

CHACUN est à son poste. Chacun tient en sa main une branche de verdure, un épi ou une fleur.

Il y a autant de Commissaires qu'il y a de groupes, afin d'y établir l'ordre. Les mauvais Citoyens et les impies se reconnoîtront aisément à la confusion et au désordre qu'ils chercheroient à introduire dans cet auguste cortége. Les voitures ni les chevaux ne le troubleront point.

UNE salve d'artillerie annonce le moment desiré. Le Représentant du Peuple monte sur une élévation. Il annonce au Peuple le sujet de la Fête qui va commencer.

Il dit : une musique éclatante se mêle au son belliqueux des trompettes. Les cœurs tressaillent de joie : le Peuple recueilli, leve les mains vers le ciel : il adore, en silence, la majesté de l'Être Suprême et de la Nature qui a créé l'homme et la lumière.

Les trompettes sonnent la marche ; elles se taisent. La musique fait entendre l'air chéri des Patriotes : *Amour sacré de la Patrie :* on chante l'hymne suivant, composé sur cet air :

    Source de bien, source de vie,
    Pere du jour, Divinité !
    Le Peuple français glorifie
    Ta sagesse et ta majesté, (*bis.*)
    Entends les vœux de la Patrie ;
    Le Peuple en toi met ses destins :
    Confonds la ligue et les desseins
    De l'etranger et de l'impie.
Célébrons l'Eternel, sa gloire et sa bonté :
Marchons, marchons dans les sentiers de la félicité. (*bis.*)

Les trompettes sonnent de nouveau la marche.
Le Peuple est en ordre ; il part au bruit du canon.

ORDRE DE LA MARCHE.

UNE force armée ayant en tête des tambours et des trompettes, et un drapeau avec cette inscription :

La Patrie et la Divinité guident notre courage.

UNE musique éclatante ; les Artistes-dramatistes.

LES Autorités constituées ayant le Représentant du Peuple à leur tête, et marchant sur deux colonnes. Leur baniere les précéde : elle porte cette inscription.

Le Peuple français reconnoît l'Être Suprême et l'immortalité de l'Ame.

L'ÉTAT-MAJOR et les Autorités militaires.

LA Société populaire ayant un drapeau avec cette inscription :

L'homme ment à sa conscience qui méconnoît l'existence de la Divinité.

LES vieillards ayant une simple banderole où sont ces mots :

En nous endormant au sein de l'Être Suprême, nous laisserons notre postérité heureuse et libre.

UNE musique douce et agréable.

LES femmes enceintes et les nourrices au milieu de deux groupes d'adolescens qui portent des banderoles tricolores ayant cette inscription :

*O ! Nature protége nos meres ;
c'est ton plus digne ouvrage.*

LES Instituteurs seront Commissaires de ces deux groupes d'adolescens.

LES meres, leurs jeunes filles et les enfans naturels de la Patrie.

LES Institutrices et leurs jeunes éleves, portant des corbeilles de fleurs.

LES peres et leurs plus jeunes fils armés d'une épée.

A la tête et au centre de ces trois groupes, qui marchent sur deux colonnes, ayant les enfans naturels et les jeunes filles au centre, deux drapeaux sont portés avec cette inscription :

O ! pere des humains, nous te consacrons ce doux et jeune espoir de la Patrie et de la postérité.

Les jeunes gens avec un drapeau portant ces mots :
> O ! Nature, s'immoler pour la Patrie,
> C'est s'immoler pour toi.

Le char de l'agriculture entouré de laboureurs, avec cette banderole :
> O ! Nature, dans les champs fertiles et sous l'humble chaume,
> le laboureur suit tes aimables loix, et publie tes bienfaits.

Les trompettes.

Le Peuple entier marchant en ordre, sur deux colonnes, les hommes d'un côté, les femmes de l'autre.

En tête deux drapeaux, entre lesquels sont quatre adolescens portant avec respect la déclaration des droits de l'homme.

Deux autres drapeaux au centre ; ces drapeaux portant ces mots :
> Le Peuple français reconnoît l'Etre Suprême et l'immortalité de l'âme.

Un détachement armé ferme la marche, ayant en tête des tambours, et un drapeau, comme à l'avant-garde. Un cordon de Volontaires borde des deux côtés le cortége, dans toute son étendue.

Les tambours, la musique, et les trompettes se font entendre alternativement, et sans interruption, pendant la durée de la marche. Les bons Citoyens sont invités à répandre des fleurs et de la verdure sur son passage.

Le Peuple arrive à la place du Musée par l'allée des acacias, le Fauxbourg la Riche, la place Victoire, la rue Martin, la place de la Justice, les fossés Georges, etc.

Un assemblage de figures hideuses frappe ses yeux : ce sont l'Athéisme, l'Ambition, l'Egoïsme, l'Orgueil, et le Fanatisme armés de poignards et ligués contre la Patrie et contre l'Être Suprême. Sur leur front horrible on lit ces mots :

SEUL ESPOIR DE L'ÉTRANGER.

Le Peuple s'indigne ; on entend ces mots :

PRÉCIPITONS dans la nuit des tombeaux,
Tous ces Catilinas, tous ces Cromwels nouveaux,
Ces tigres altérés de sang et de rapines,
Qui blessent sans pitié le sein qui les nourrit :
Le crime et l'étranger parmi nous les vomit,
Pour nous couvrir de deuil et de ruines.

LES Magistrats du Peuple et son Représentant se saisissent de flambeaux, et embrasent cet horrible monument, qui disparoît comme frappé de la foudre. Les tambours roulent en cet instant. De ces débris sort la Sagesse, au front calme et serein. La terre s'est couverte de fleurs et de verdure : le Peuple se sent ému ; il aime et recherche par instinct la Sagesse : il lui adresse cet Hymne, sur l'air : *Mourir pour la Patrie.*

QUELLE image s'offre à nos yeux ?
Beauté chaste, c'est la Sagesse !
Sagesse ! tu descends des cieux :
Ton aspect rend les cœurs heureux.
Le ciel accomplit sa promesse !
O Sagesse ! guide nos vœux,
  Hommage à la Sagesse ;   } *bis*
Au sort d'un Peuple bon l'Eternel s'intéresse. } *en chœur.*

LE Peuple est auprès du Temple qu'il a dédié à l'Être Suprême et à l'immortalité de l'Ame. Il se sent pressé du desir d'y célébrer la Divinité. Le Peuple entre donc dans cet auguste lieu. Il observe le plus profond silence; il est toujours en ordre. Une musique éclatante se fait entendre : on chante l'Hymne suivant, sur le même air : *Mourir pour la Patrie.*

O Nature ! ô Divinité!
Être Suprême, Ame immortelle !
Le Peuple d'amour transporté,
Vient rendre gloire à ta bonté.
A nos accens prête l'oreille,
Nous célébrons ta majesté :
Hommage à la Nature:
Peuple, éleve ton cœur vers cette source pure.
(*Le Peuple répéte :*)
Hommage à la Nature :
Elevons notre cœur vers cette source pure.

Jadis des Prêtres orgueilleux
Usurpoient ton nom sur la terre.
La raison nous ouvre les yeux :
L'encens du Peuple monte aux cieux,
Sans nul prophane ministère :
Ton temple est un cœur vertueux.
Hommage à la Nature :
Peuple, éleve ton cœur vers cette source pure.
(*Le Peuple répéte* :)
Hommage à la Nature :
Elevons notre cœur vers cette source pure.

Le Peuple est ému de joie et de reconnoissance. Son ame s'ouvre à l'espérance. Il pourra donc invoquer en liberté la Nature et l'Être Suprême, soit qu'il le remercie de ses bienfaits, soit qu'il l'implore en ses besoins. L'impie et le conspirateur n'auront plus d'azile sur cette terre sacrée: ils n'égareront plus la conscience et la raison du Peuple, toujours sage, vertueux et bon. Pendant ce chant, les jeunes filles et les enfans naturels de la Patrie, répandront des fleurs.

Les tambours et les trompettes sonnent la marche. Le Peuple heureux et recueilli sort du temple: il s'avance majestueusement. L'air, *Amour sacré de la Patrie*, se fait entendre.

Le Peuple arrive à la place de la Nation, par les rues de la Sellerie et de la Loi. Un autel immense est élevé à la Nature, au milieu de cette place. Des Commissaires ont posé d'avance les banderoles, autour desquelles les divers groupes doivent se ranger, à mesure qu'ils arrivent, afin d'éviter le désordre et la confusion.

Peuple sensible! c'est ici que la Liberté te ménage ses plus douces jouissances. Le bruit du canon, des tambours et des tompettes annonce que le Peuple français va rendre hommage à l'Être Suprême et à la Nature.

Un portion du Peuple, ayant son Représentant à la tête, est sur cette sorte de montagne. Les vieillards y restent pendant la durée de la cérémonie. Le Peuple dit;

  O! toi qui sur le monde abaissant la paupiere,
Vois l'Univers ému, sourire à ton amour;
   Suprême Auteur de la lumiere;
O, pere des humains! en cet auguste jour,
   Tout un Peuple de freres,
   Honore ta majesté,
   Ta puissance et ta bonté.
Ah! ta sagesse, en ses profonds mystères,

Fonda la République avec l'égalité,
Pour consoler le juste et rajeunir la terre.
Gloire à la Divinité,
Qui nous rend et nos droits et notre dignité.
Peuple ! en toi le foible espere.
En ton cœur, porte l'humanité,
Honore la justice et la fraternité :
La Nature est notre commune mere.
Peuple ! au monde redis quelle est ta volonté.
Nous dévouer pour la Patrie ;
Pour maintenir nos droits et notre liberté ;
Immoler, sans pitié, les rois, la tyrannie :
Tel est notre serment, et tels sont nos souhaits :
Peuple ! redis au ciel le serment que tu fais.

(*Chœur :*)
Hommage à la nature,
Peuple, puise ta force en cette source pure !

(*Le Peuple répéte :*)
Hommage à la nature,
Désalterons nos cœurs dans cette source pure.

UNE musique majestueuse se fait entendre à la fin de chaque cantique.

Les meres et leurs jeunes filles, les peres et leurs jeunes fils, se succèdent à l'Autel de la Nature, ils disent :

SOURCE d'amour et de fécondité !
Nous te consacrons nos familles.
Fais éclater ta gloire en ces enfans débiles :
Aux deux pôles, par eux, porte la liberté,
La sagesse et la vérité.
Tu vois ici l'espérance,

De l'immortelle France
Et de la postérité.

Mourir pour la Patrie,
C'est le vœu de leur cœur, c'est aussi notre envie.
Être Suprême ! écoute nos sermens.
Nos fils terrasseront l'étranger sanguinaire ;
Le Peuple sera libre, en dépit des tyrans :
Ou nous aurons disparu de la terre.

(*Le Chœur répète :*)

Mourir pour la Patrie,
C'est le sort le plus doux, le plus digne d'envie.

LES laboureurs prennent place à l'Autel de la Nature ; ils disent :

BIENFAISANTE Nature, ô source d'abondance !
Au cœur des laboureurs tu répands l'espérance :
Les rois nous regardoient ainsi qu'un vil troupeau,
De la terre inféconde, utile et lourd fardeau ;
Les prêtres, artisans d'erreur et de mensonge,
Du Peuple et de ses droits te peignoient l'ennemi :
Le jour de ta justice a lui :
Les prêtres et les rois ont passé comme un songe,
Et le laboureur est béni.
Sage Nature, ô source d'espérance !
Verse, avec des soins maternels,
Sur les campagnes de la France,
La paix et l'abondance !
Ah ! tous les biens desirés des mortels ;
Nature ! c'est ta main qui seule les dispense.

(*Le Chœur répète :*)

Hommage à la Nature !
Remercions l'Éternel des biens qu'il nous procure.

Une musique douce et mélodieuse se fait entendre.

Les vierges, les adolescens, et les vieillards sont ensemble sur l'Autel.

Les enfans disent :

O Tout-Puissant ! d'un mot tu fis éclôre
L'astre modeste de la nuit,
Et tous les feux que fait pâlir l'aurore.
L'innocence aujourd'hui,
Te glorifie et t'implore !
Protége la Patrie et rends le Peuple heureux :
Mourir pour la Patrie est l'objet de nos vœux.

(*Le Chœur répéte :*)

Mourir pour la Patrie,
C'est le sort le plus doux, le plus digne d'envie.

Les vieillards.

Le Peuple et l'Éternel sont ensemble d'accord :
O bon Peuple ! sur toi le bonheur va descendre.
La terre est devenue un sûr et vaste port.
Les tyrans ont passé. Les biens de l'âge d'or,
Comme en torrens, vont sur toi se répandre.
O nos fils ! vous n'aurez que des graces à rendre.
O bon Peuple ! le ciel est avec toi d'accord.

(*Chœur :*)

Hommage à la Nature :
Peuple, éleve ton cœur vers cette source pure !

(*Le Peuple répéte :*)

Hommage à la Nature :
Élevons notre cœur vers cette source pure !

Les canons, les tambours et les trompettes se font entendre à la fois. Les cœurs tressaillent d'allégresse, les bras sont tendus vers le ciel. Le parfum des fleurs dont l'air est embelli, monte avec les vœux du Peuple, vers l'Être Suprême. La Nature agrée ce bel hommage, et sourit à l'amour de tout un Peuple, qui l'honore et la bénit en ce jour auguste. Tout se mêle et s'unit : c'est un Peuple d'amis et de freres qui confondent leurs vœux et leurs sentimens, dans un seul sentiment, l'amour de la Patrie et de l'Être Suprême, exprimé dans ce cri, VIVE LA RÉPUBLIQUE, qui éclate de toutes parts.

Cette Cérémonie sera prolongée par une scène religieuse et patriotique, dont les Artistes-Dramatistes veulent faire hommage au Peuple et à l'Être Suprême.

Les canons, les trompettes et les tambours annoncent la fin de cette auguste Fête, dont l'histoire des Peuples n'offre point de modele, et qui servira d'exemple aux Peuples à venir.

A TOURS, chez F. VAUQUER-LAMBERT,
Imprimeur de la Municipalité.

www.ingramcontent.com/pod-product-compliance
Lightning Source LLC
Chambersburg PA
CBHW061614040426
42450CB00010B/2475